Très Beaux Bijoux

PERLES, ÉMERAUDES, TURQUOISES

SAPHIRS ET BRILLANTS

COLLIERS DE PERLES

Argenterie

Paris — Mai 1905

TRÈS BEAUX BIJOUX

ENRICHIS DE

Perles, Émeraudes, Turquoises, Saphirs et Brillants

COLLIERS DE PERLES

ARGENTERIE

CONDITIONS DE LA VENTE

Elle sera faite au comptant.

Les acquéreurs paieront *dix pour cent* en sus des adjudications.

Aucune réclamation ne sera admise une fois l'adjudication prononcée.

Paris. — Imprimerie Georges Petit, 12, rue Godot-de-Mauroi. — 15443-05.

CATALOGUE

DES

TRÈS BEAUX BIJOUX

ENRICHIS DE

Perles, Émeraudes, Turquoises, Saphirs et Brillants

Pendentifs, Bandeau de coiffure, Collier, Broches, Bagues, Boutons d'oreilles, etc.

[illegible]

COLLIER DE 9 RANGS DE PERLES

Sautoirs en perles

BELLE ARGENTERIE DE TABLE

DONT LA VENTE AURA LIEU

[illegible]

Les Jeudi 25 et Vendredi 26 Mai 1905

à deux heures

COMMISSAIRE-PRISEUR	EXPERT
Mᵉ LAIR-DUBREUIL	M. A. REINACH
6, rue de Hanovre, 6	17, rue Drouot, 17

Chez lesquels se distribue le présent Catalogue.

[illegible]

PARTICULIÈRE : *Le Mardi 23 Mai 1905, de 2 heures à 6 heures*

PUBLIQUE : *Le Mercredi 24 Mai 1905, de 2 heures à 6 heures*

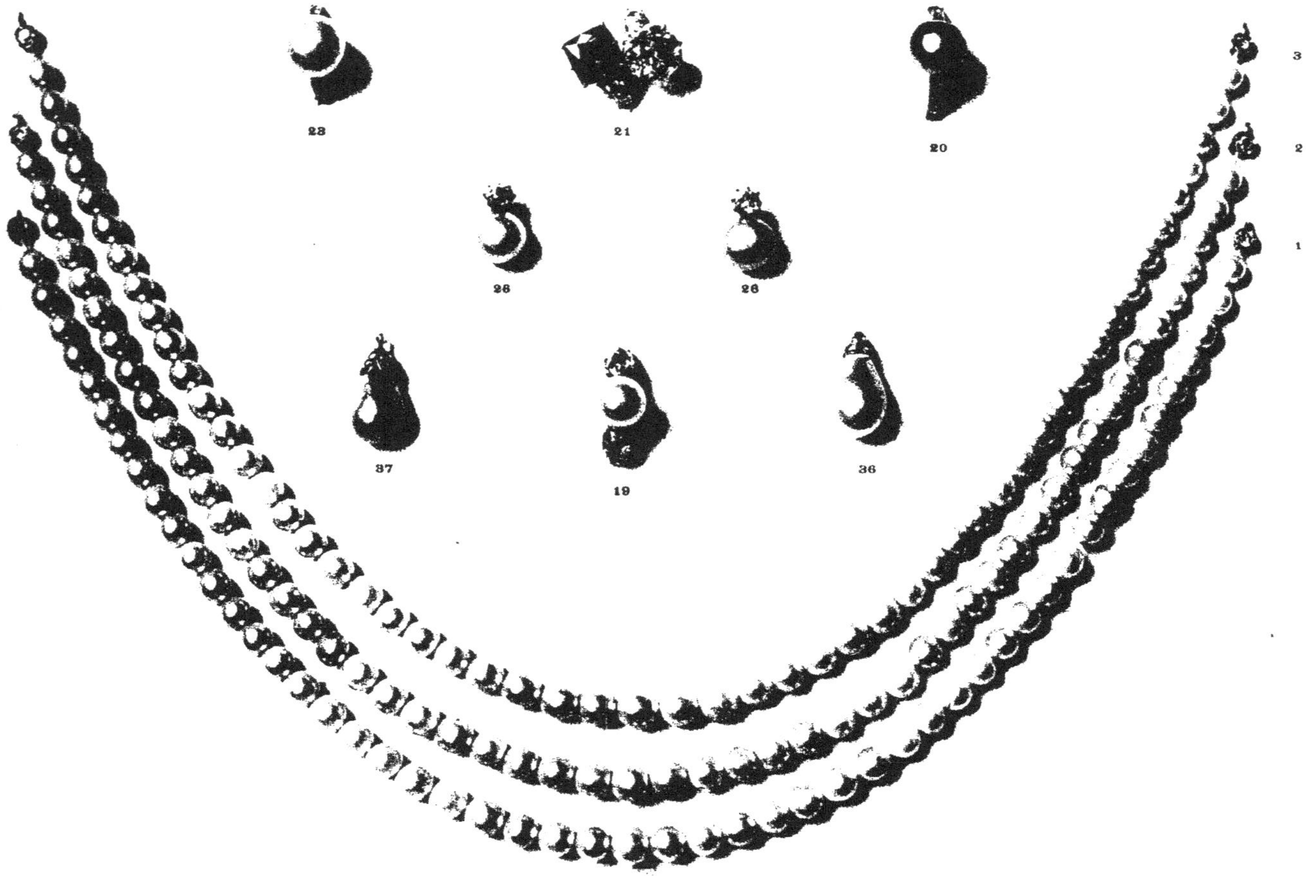
1
2
3
20
21
23
36
19
37
26
26

DÉSIGNATION

1 — Très beau collier d'un rang de cinquante et une perles blanches d'Orient.

Poids du collier, y compris les œillets montés chacun d'un brillant : 476 grains.

2 — Beau collier d'un rang de cinquante-trois perles blanches d'Orient.

Poids du collier, y compris les œillets montés chacun d'un brillant : 495 grains.

3 — Beau collier d'un rang de cinquante-trois perles blanches d'Orient.

Poids du collier, y compris les œillets montés chacun d'un brillant : 489 grains.

4 — Joli collier d'un rang de soixante-neuf perles blanches d'Orient.

Poids du collier, y compris les œillets montés de roses : 236 grains.

5 — Important collier de neuf rangs de perles blanches d'Orient, comprenant sept cent soixante-cinq perles. Fermoir formé d'une barrette composée de neuf belles perles fines entre deux rangs de brillants.

6 — Sautoir, composé de quatre cent vingt et une perles blanches d'Orient.

Poids : 560 grains.

7 — Joli sautoir en or, enrichi de dix belles perles d'Orient.

8 — Très beau pendentif formé d'une rosace, composée d'une perle noire entourée de dix brillants, d'où s'échappe un motif rayonnant à cinq branches serties de brillants, et enrichies aux extrémités de sept belles perles fines : une rose, deux blanches et quatre noires. Bélière en brillants.

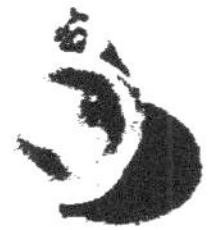
27

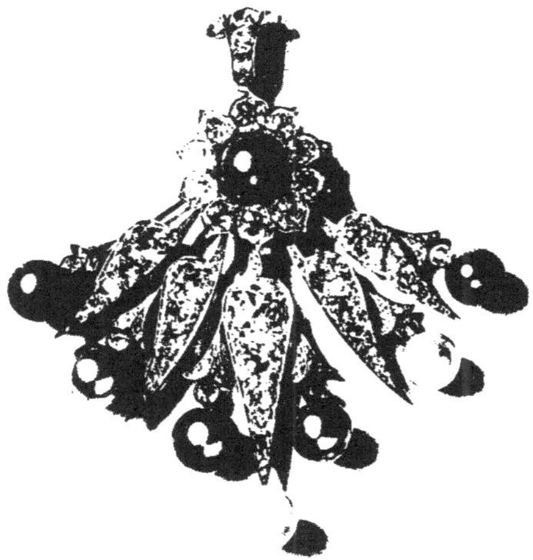
8

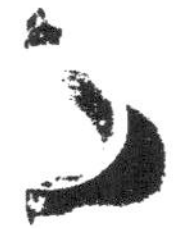
27

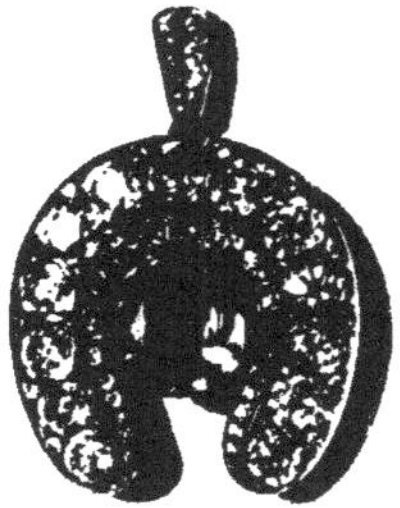
12

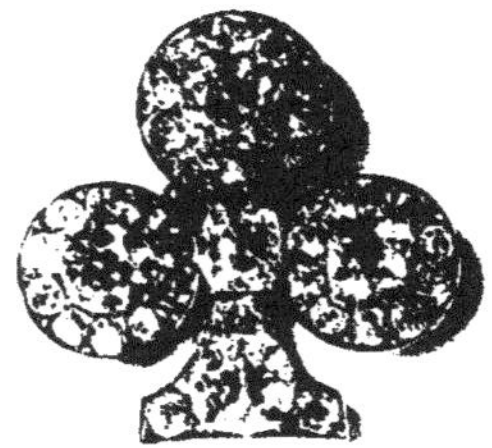
13

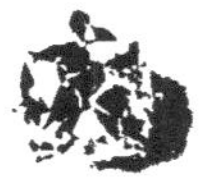
28

28

18

9 — Important bandeau de coiffure, composé de motifs d'ornements sertis de brillants entre deux rangs de beaux brillants anciens et enrichi de huit perles fines, dont quatre blanches, deux noires forme poire et deux grises.

Ce bandeau devait être primitivement orné d'une aigrette, dont la place vide est marquée au centre.

10 — Très beau collier formé de huit appliques montées de turquoises, entourées de brillants, reliées par des nœuds de rubans tout en brillants.

Les huit appliques se démontent pour former autant de broches.

11 — Beau pendentif forme coquille toute pavée de brillants, enrichie au centre d'une grosse perle blanche. Bélière en brillants, reliée au pendentif par une branche de feuillage ornée d'un brillant monté en pendeloque.

Poids de la perle : 134 grains.

12 — Pendentif forme fer à cheval, monté de treize beaux brillants et de vingt-neuf brillants plus petits; enrichi au centre d'un très beau saphir. Bélière en brillants.

13 — Belle broche forme trèfle, montée de cinq gros brillants, dont trois sont entourés de dix brillants plus petits.

14 — Jolie broche de corsage, forme branche de fleur en brillants. Le centre de la fleur est enrichi d'une perle noire d'un très bel orient.

La fleur se sépare de sa tige pour former broche de col.

Poids de la perle : 40 grains.

15 — Broche forme coquille pavée de vingt-huit brillants et enrichie au centre d'une grosse perle blanche.

16 — Belle broche composée d'une grosse émeraude entre deux gros brillants.

17 — Broche forme œillet pavé de brillants, de rubis et de roses.

18 — Broche composée d'un gland en perle, calotte en brillants, et de deux feuilles de chêne serties de brillants.

19 — TRÈS JOLIE BAGUE montée d'une grosse perle blanche d'un très bel orient, entre deux brillants.

Poids de la perle : 30 grains.

20 — BAGUE en or, sertie de vingt-sept brillants et enrichie d'une perle noire.

21 — BELLE BAGUE-JUMELLE montée d'une belle émeraude et d'un gros brillant et six brillants sur le corps.

22 — BAGUE-DUCHESSE composée d'un grand brillant taillé en poire et de cinq autres brillants. Six brillants sur le corps.

23 — BAGUE montée d'une grosse perle blanche et six brillants sur le corps.

24 — BAGUE en or, montée d'un brillant solitaire.

25 — BAGUE en or, montée d'un brillant solitaire.

26 — DEUX BOUTONS D'OREILLES composés, l'un d'une

perle blanche, l'autre d'une perle grise, surmontées chacune d'un brillant.

Poids de la perle blanche : 33 grains.

Poids de la perle grise : 31 grains 3/4.

27 — Paire de boutons d'oreilles formés de deux très grosses perles blanches, surmontées chacune d'un petit brillant.

Poids des perles : 187 grains.

28 — Paire de boutons d'oreilles formés de deux très beaux solitaires en brillant ancien.

Poids des brillants : 21 carats 1/8.

29 — Deux boutons d'oreilles composés chacun d'une boule de corail, entourée de treize brillants.

30 — Paire de boutons d'oreilles, brillants solitaires. Monture à vis.

31 — Bracelet à deux corps, en or, enrichi d'un beau brillant.

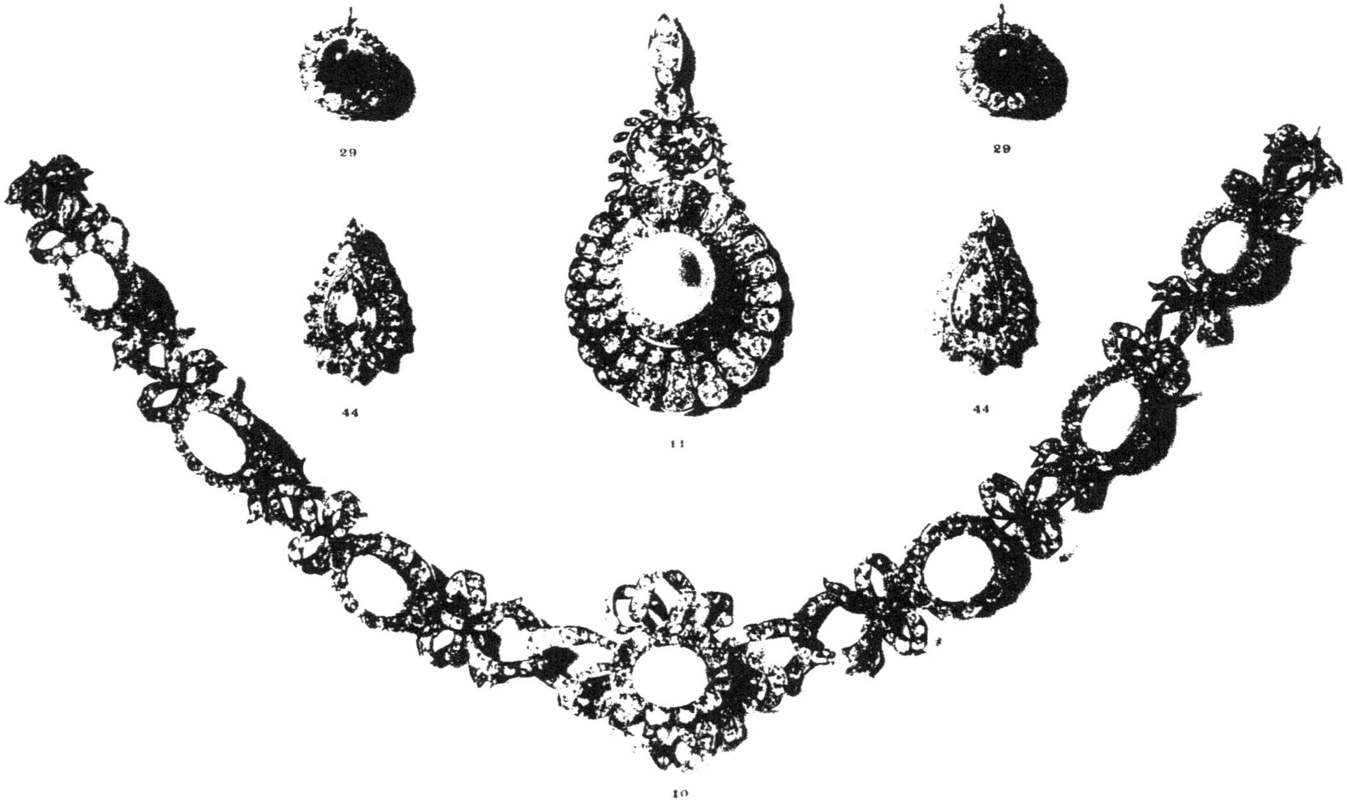
29
11
29
44
44
10

32 — Bracelet chaîne forçat, en or, enrichi de six perles.

33 — Épingle de coiffure en écaille blonde, galerie à ornements en brillants, enrichie d'une très belle perle blanche d'Orient et de deux autres plus petites.

34 — Croix de Malte en or, enrichie de cinq émeraudes, cinq brillants et de vingt et une roses.

35 — Grande boucle de ceinture en or, enrichie de quatre saphirs et de quatre brillants entourés de roses.

36 — Pendeloque d'une perle noire, calotte en roses.

Poids de la perle : 56 grains.

37 — Pendeloque d'une perle blanche, calotte en roses.

Poids de la perle : 52 grains.

38 — Fermoir de collier composé d'une perle bouton entourée de deux rangs de brillants.

39 — Fermoir de collier d'une perle fine.

40 — Fermoir de collier d'une perle fine.

41 — Fermoir de collier d'une turquoise, entourage en roses.

42 — Deux boutons de chemise en or, montés chacun d'une perle fine.

43 — Bouton de chemise en or, monté d'une perle blanche.

44 — Deux pendeloques formées chacunes d'un brillant forme poire, entouré de dix-huit brillants de même forme.

45 — Montre de dame en or, à remontoir, de la maison Boucheron.

ARGENTERIE

46 — Service a thé en argent ciselé, modèle à branches et feuillages, parties ciselées à jour, composé : d'une bouilloire et son support, d'une verseuse, d'une théière, d'un pot à lait, d'un sucrier et d'un grand plateau.

47 — Deux légumiers avec couvercles et doubles-fonds en argent ciselé de style Louis XV, décor à ornements, bordure à coquilles, anses à rocailles.

48 — Deux saucières en argent ciselé de style Louis XV, anses formées de rocailles ; plateau adhérent, avec chacune deux doubles-fonds en argent.

49 — Deux corbeilles a pain en argent ciselé de style Louis XV, décor à ornements, coquilles et branches de fleurs.

50 — Porte-huilier en argent ciselé de style Louis XV, décor à écusson et hachures ; porte-burettes feuillagés.

51 — Sucrier a poudre à couvercle en argent ciselé, style Louis XV, décor à ornements et rocailles.

52 — Douze dessous de carafes en argent, le fond à cannelures tournantes, le bord à ornements ciselés, style Louis XV.

53 — HUIT SALIÈRES ET DEUX MOUTARDIERS en argent ciselé, de style Louis XV, dessin à coquilles et écussons.

54 — SERVICE A MIETTES en argent ciselé : brosse et plateau. Style Louis XV.

55 — GRAND PLAT ovale en argent, bordure ciselée à feuillages. Style Louis XV.

56 — PLAT ovale plus petit, de même modèle.

57 — DEUX PLATS creux de forme ronde en argent, bordure ciselée et contournée, de style Louis XV.

58 — PLAT rond de même modèle, en argent.

59 — DEUX PLATS ronds plus petits, de même modèle, en argent.

60 — BEAU ET IMPORTANT SERVICE DE TABLE en argent ciselé et gravé, de style Louis XV, composé de :

18 couverts de table et 18 fourchettes,

18 couverts à entremets,

18 couverts à poisson.

36 couteaux de table.

18 couteaux à dessert à lames d'argent.

18 couteaux à dessert à lames d'acier.

18 cuillers à œufs.

18 cuillers à café.

18 pelles à glace.

1 louche,

8 pelles à sel et 2 cuillers à moutarde,

1 cuiller à ragoût.

2 cuillers à sauce.

4 pièces à hors-d'œuvre,

2 cuillers à compote.

2 cuillers à confitures.

4 pièces service à fruits confits,

1 service à poisson.

1 service à glace.

1 service à découper.

1 service à gibier.

1 couvert à salade.

1 cuiller et une pince à sucre,

1 pelle à tarte,

1 couteau à melon,

1 fourchette et une pelle à pâté,

2 cuillers à fraises,

1 cuiller à fruits,

1 cuiller à crème,

1 pelle à asperges,

1 manche à gigot,

1 couteau à fromage,

1 casse-noix,

1 ciseau à raisin,

1 couteau à beurre à lame d'argent,

1 couteau à gâteau à lame d'acier.

Ce service est renfermé dans un coffre en noyer ouvrant à deux portes, et garni intérieurement de sept tiroirs gainés de peau, formant écrin.

www.ingramcontent.com/pod-product-compliance
Ingram Content Group UK Ltd.
Pitfield, Milton Keynes, MK11 3LW, UK
UKHW032032260826
14628UKWH00006B/2901

9 782329 545875